AF581426

EXTRAIT

D'UN JOURNAL TENU PAR UN BOULONNAIS, SUR LES ÉVÉNEMENS LES PLUS IMPORTANS ET LES PLUS PIQUANS QUI SE SONT PASSÉS A BOULOGNE, DE 1814 A

QUELQUES personnes ont bien voulu me témoigner leur étonnement de ce que je ne continuais plus à faire, dans l'*Annotateur*, quelques articles qui, à la vérité, n'étaient pas constamment adulateurs pour l'autorité; laquelle, selon d'*aucuns* (comme dit si bien Cadet Roussel, dans son immortelle complainte), laissent quelquefois un peu à désirer sur certaines parties.

D'autres personnes (et ce dût être le plus grand nombre) s'applaudissaient, en qualité de très-humbles courtisans de tout pouvoir *passé*, *présent* et *futur*, de ne plus voir censurer les actes de patrons du jour, destinés, peut-être, après l'abdication de leurs minces emplois, a devenir l'objet de leur critique; d'autres, dis-je, s'applaudissaient de ne plus voir les pages de l'*Annotateur* *souillées* d'articles, où j'abordais toujours franchement la vérité, par un temps où, plus que jamais, *toute vérité n'est pas bonne à dire*.

Force conjectures furent faites à cet égard. Peu ont deviné juste.

Je n'ai jamais plus cessé de relever, par la publicité, les abus du pouvoir que ses omissions et ses négligences; et mon motif en cela est que rien n'est plus propre à lui sauver les excès en plus ou en moins, auxquels il est constamment exposé, dans un temps où on lui laisse tant d'arbitraire. Dans le courant de l'hiver, j'ai adressé plusieurs articles à l'*Annotateur*, dont je n'ai pu, sous divers prétextes évasifs, obtenir l'insertion.

Rendons cependant au rédacteur de la première feuille boulonnaise la justice qui lui est due. Il a, à foison, de l'esprit, du tact, du jugement, et mille autres qualités précieuses; mais c'est justement parce qu'il est amplement pourvu de tout cela, qu'il n'est pas tout-à-fait indépendant. Il ne faut, pour s'en convaincre, que se rappeler les brevets retirés aux imprimeurs, par l'omnipotence ministérielle, et l'on jugera mieux, sans doute, ensuite, combien doit être constamment sur les épines, tout *éditeur responsable* de journaux; à plus forte raison, s'il est à-la-fois éditeur et imprimeur; et à plus forte raison encore, s'il est en instance pour obtenir d'une excellence l'inestimable bienfait d'un brevet d'imprimeur du Roi. — Bah! diront plus d'un incrédule, les Princes et les Rois ne passent guère leur temps à se faire imprimer, et le brevet d'imprimeur du Roi est un titre trop banal pour qu'il puisse être de poids dans la balance des considétations dont vous parlez. — Détrompez-vous, Messieurs, détrompez-vous, Mesdames, les Rois se font imprimer, comme nous; et la qualité d'hommes de lettres a, par fois, des attraits pour eux. Le grand Frédéric était auteur. Armand de Bourbon, prince de Conti fit imprimer un petit ouvrage extrêmement instructif, intitulé : *Devoirs des Grands*. Il eut un tel succès, que l'édition en est devenue rare (1), et qu'on vient de le réimprimer, tout récemment, à Paris, où il se vend pour la bagatelle de six sous. Sa Majesté Louis XVIII n'a pas dédaigné d'occuper ses augustes loisirs à composer un petit ouvrage qui est resté un modèle du genre, par sa véridique simplicité, et de le publier sous son nom auguste. Après des exemples aussi multipliés, et tant d'autres que je passe sous silence pour abréger, qui vous dit qu'un successeur de Louis XVIII ne marchera pas sur ses traces, et ne publiera pas aussi quelqu'ouvrage. Alors, M. l'éditeur de l'*Annotateur*, admis au nombre des imprimeurs titulaires du Roi, aura incontestablement une chance de plus pour obtenir la préférence de l'auguste auteur; et quand on pense à tous les nombreux échelons du pouvoir qui se trouvent placés entre un Roi et un imprimeur de province, on ne peut trop approuver celui-ci de ménager tout le monde, lorsqu'il vise au titre d'imprimeur du Roi. On a bien vu un procureur de Bretagne arriver au ministère de l'intérieur, qu'y

(1) Probablement à cause du besoin qu'on en avait à la cour.

aurait-il donc de plus étonnant à voir un procureur du roi de province arriver aussi un jour au ministère de la justice?

Gens imprévoyans sur l'avenir, vous blâmez un journaliste d'avoir refusé des articles, bien qu'ils n'aient rien de répréhensible! Moi, je le défends : d'abord, parce que, propriétaire de sa feuille, il ne doit compte à qui que ce soit de l'hospitalité qu'il donne ou refuse dans sa propriété; ensuite encore, parce que, dans l'an de grâce mil huit cent vingt-six, époque de jubilé, l'esprit de conduite marche avant tout. Or, petits et grands, qui voudraient avoir une définition exacte de l'esprit de conduite, vous ne pouvez mieux vous adresser qu'à l'Académie française, car c'est elle qui est en passe de donner, mieux que personne, une exacte et judicieuse explication des mots. On vient de voir empaler à Smyrne un journaliste sans forme de procès. Or, de Smyrne à l'hôtel où s'expédient les brevets, il n'y a pas déjà une si énorme distance. Qui sait si l'estimable imprimeur qui publie l'*Annotateur* à Boulogne, n'a pas été secrétement saisi dans son for-intérieur, de la crainte de voir empaler son brevet désiré d'imprimeur du Roi ; car enfin les modes étrangères s'introduisent en France : N'y portait-on pas tout récemment *des chapeaux à la Bolivar?*

Je passe maintenant à la publication des trois articles éliminés du journal, en déclarant toutefois, que je suis totalement étranger à tout ce qui n'y porte pas ma signature

PREMIER ARTICLE, CORDIALEMENT ÉCONDUIT.

Monsieur l'éditeur,

J'ai été attiré, ces jours derniers, proche la sous-préfecture de mon endroit, par de bruyantes fanfares de trompettes, et j'ai vu deux spectacles forains : l'un, sous une espèce de tente, l'autre, dans l'élégant corps-de-garde que la ville vient de faire élever pour la garde d'honneur que S. A. R. madame la duchesse de Berri a bien voulu accepter pendant son séjour à Boulogne.

Je l'avoue, Monsieur, j'ai éprouvé une émotion pénible en voyant le corps-de-garde construit pour une garde d'honneur, tout-à-coup occupé par ce qu'on appelle des *polichinels*. Je faisais à cet égard, des réflexions assez sombres sur l'instabilité des choses humaines, et je m'approchai cependant dans l'intention de visiter ces spectacles nomades. J'écoute les annonces; sous la tente, on crie à tue-tête : *La tentation de Saint-Antoine, suivie de danses de caractères, telles que la danse anglaise et chinoise, pour la bagatelle de deux sous.*

Un peu plus haut, sous le corps-de-garde de la garde d'honneur, on crie plus fort encore : *La passion de Notre-Seigneur Jésus-Christ, et sa résurrection, pour quatre sous.*

Dieu d'un côté, le diable de l'autre, il n'y avait pas à balancer, et, quoiqu'il en coûtât deux sous de plus, j'entrai à la passion.

Là, je vis paraître, avec peine, des polichinels représentant grotesquement les apôtres, le roi Hérode, Pilate, Judas Iscariote avec sa chevelure rousse, le bon et le mauvais larron, et Jésus-Christ lui-même. Je vis le Sauveur du monde comparaître devant un roi qui avait un shako tricolor sur sa tête, je ne sais pas trop pourquoi, et qui dit, en peu de mots, beaucoup de pauvretés, sans compter les pat-à-qui, les pat-à-qués, et ce qu'on appelle vulgairement les cuirs.

Je vis ensuite la petite fille du roi Hérode, qui, *trottant menu* comme madame Trotte-en-Ville, vient sans façon, interrompre le roi son père, au milieu des juges, et couper la parole à tous les grands de la cour pour dire à *son petit papa*, de *la part de sa petite maman*, qu'il ait à ne pas se mêler des affaires de Jésus ; et le roi Hérode renvoie bien vîte sa petite fille dire à sa petite maman, qu'il obéira à sa volonté et ne s'en mêlera plus. Arrivent ensuite Sainte Magdeleine et Sainte Véronique, qui, au lieu d'être échevelées et en désordre, comme dans les tableaux d'église, avaient sur la tête des fleurs fraîches et brillantes, et étaient revêtues des plus belles toilettes de bals, telles que robes à la jocko, manches en gigot, etc. : telles enfin qu'on les eût plutôt prises pour les dames d'honneur d'une princesse moderne, que pour de saintes âmes abattues par la douleur.

Sont arrivés ensuite le tonnerre et les éclairs, je crois même, un tremblement de terre; mais je ne l'ai pas assez bien senti pour oser prendre la responsabilité de l'affirmer. Au milieu de tout cela, j'ai vu le pantin qui représentait le Christ, s'élever vers le ciel, pendu à une petite corde; puis, le reste des polichinels se prosterner et chanter en chœur un cantique qui n'eût pas été déplacé, sans doute, dans une église, mais qui, dans le corps-de-garde des gardes d'honneur, ou au théâtre de polichinels (puisque ce corps de bâtiment sert à l'un et à l'autre), faisait un effet pénible.

Il est bien vrai, monsieur l'éditeur, que, dans l'enfance de l'art dramatique, qui était en même temps l'enfance de la civilisation, on représentait, par les rues, ce qu'on appelait alors *les mystères;* mais Corneille parut, et produisit ses chefs-d'œuvre; le goût s'épura, la France s'éclaira à mesure que la littérature se forma, et dès-lors, *les magistrats sentirent* que c'était avilir et dégrader la religion, que de la laisser ainsi burlesquement parodier. par les rues, sur des tréteaux.

Le temps des Tabarins passa bien vite, et l'histoire semble ne nous en avoir conservé les noms que pour remettre au besoin sous les yeux des magistrats à venir, tout ce qu'un pareil spectacle a de déplacé. Quant à moi, je ne vois dans celui-ci qu'une irrévérence publique, et avec la loi sur le sacrilége bien appliquée à ce qu'on appelle ingénuement *le système de tendance*, le propriétaire et le père nourricier de cette petite famille de pantins, pourrait un jour se trouver dans un mauvais cas.

Qu'on mette si l'on veut dans le corps-de-garde de la garde d'honneur le malade imaginaire, et polichinel en goguette, qu'on y mette même le long et maigre écuyer Don Quichotte, chevalier de la triste figure, le casque en tête et la dague à la main, combattant des moulins à vent, passe tout au plus, mais y laisser jouer la religion cela est plus difficile à digérer pour les amis de l'ordre et des convenances.

DE CHANLAIRE.

Refusé ou éliminé, lorsque je défends la religion : c'est avoir du guignon!!

DEUXIÈME ARTICLE ÉLIMINÉ

Monsieur l'éditeur,

Boulogne est maintenant à quelques égards, en petit, toutefois, l'émule de la capitale.

Comme Paris n'a-t-il pas aujourd'hui, ses fiacres, ses remises, tandis que du temps de nos pères, il était réduit à un modeste et unique cabriolet, pour le service duquel un chartier ôtait son cheval du tomberau, lorsque de loin en loin il y avait une occasion marquante. Bien que ce trait de notre histoire ait aujourd'hui l'air d'une charge, à cause de sa grande disparate avec notre état actuel, il est cependant la pure vérité, et plus de cinquante vieillards très-bien pensans, pourraient encore la main sur la conscience dire au besoin : *je l'ai vu.*

Comme Paris, Boulogne n'a-t-il pas son gothique faubourg St.-Germain, sa brillante Chaussée-d'Antin, et même son quartier latin.

Voyez l'emplacement nommé le marché aux bœufs. N'est-il pas comme les plus élégans boulevards de la capitale, constamment couvert de petits spectacles. N'y voit-on pas tour-à-tour des géans et des nains, des acrobates et des paillasses.

Non loin des spectacles des acrobates qui ne sont ni mademoiselle Romani, ni mademoiselle Romanini, est venu se placer depuis quelques temps un autre directeur de spectacle, qui compose à lui seul toute sa troupe. Chez lui, c'est-à-dire derrière un rideau de toile qui peut bien contenir sept à huit personnes, pourvu toute fois, qu'il ne s'y trouve pas *trop de ventrus*, on voit chaque soir pour deux sous, l'incendie de Moskou, le port de Pétersbourg, l'assassinat de Fualdès (tout cela en peinture), et le couronnement de S. M.; pendant une explication détaillée qui se fait par-dessus le marché, et dans laquelle bien d'autres que moi ont remarqué ces étranges paroles: « *Vous voyez S. M. Charles X, dans son superbe carosse attelé de huit chevaux blancs, allant à son sacré couronnement.* Bien que cette phrase soit prononcée de la meilleure foi du monde, et avec un grand et plein caractère de bonhomie et de bêtise, on ne peut s'empêcher de remarquer ce qu'elle a de vicieux dans sa construction.

Comment se fait-il que ce brave et digne homme, qui assurément n'y entend pas malice, n'ait pas encore trouvé à Boulogne quelqu'officieux agrégé *de la société des bonnes lettres*, qui lui ait représenté ce que cette construction de phrase avait de répréhensible, et ne se soit pas chargé de lui en composer une autre toute aussi descriptive, et plus dans les convenances.

J'ai l'honneur, Monsieur de vous présenter mes etc.

DE CHANLAIRE.

Le lendemain de la présentation de cet article, de très-bonne heure, le lanternemagicien, *si je puis m'expliquer ainsi, sans avoir annoncé de clôture, ainsi que cela est d'usage, est disparu de la place et de la ville, et l'article qui avait été admis après toutefois que j'aurais rayé* le mot ventru, *n'a pas été imprimé. Quand j'ai demandé pourquoi*, *M. l'éditeur m'a répondu que le spectacle* étant parti, *l'article lui avait paru n'avoir plus d'objet. Je ne partage pas ici l'opinion de M. le rédacteur, cet article avait encore un objet important, c'était de signaler la négligence de l'autorité chargée de surveiller ces sortes de spectacles, et qui n'eut pas dû cer-*

tainement laisser prononcer huit jours de suite une phrase telle que celle que j'ai signalée. Certes c'est encore bien guignolant d'être éliminé d'un journal lorsqu'on rappelle un porteur de lanterne magique aux convenances et l'autorité à ses devoirs. Dieu n'a pas voulu qu'il en fût ainsi à Boulogne.

TROISIÈME ARTICLE ÉLIMINÉ.

Monsieur l'éditeur,

Après l'extrême indulgence, je dirai même l'excessive bienveillance avec laquelle vous avez bien voulu rendre compte de la première partie de mes mémoires, il serait bien ingrat à moi, qui tient tant à ne pas passer pour l'être; de venir près de vous armé de la rigueur de la loi, requérir l'insertion de la petite observation ci-après, et je ne me présente que fort de votre bienveillance. Je ne sais quoi dans mon intérieur m'assure près de vous, Monsieur, toute la suffisance de ce moyen, à la fois plus honnête et plus digne des sentimens de reconnaissance que je vous dois.

Savez-vous bien, Monsieur, qu'une légère distraction de votre part, m'a mis dans une situation bien fâcheuse, et que sans le vouloir sans doute, vous m'avez mis sur les bras une terrible affaire, et pour ainsi dire placé en état d'hostilité avec *tout le haut* et *bas clergé.*

Vous avez dit, avec bénignité cependant, *pourquoi faire un crime à ce pauvre cheval de quelques épigrammes contre les ministres du culte catholique*. Ce cas m'a paru si redoutable, si effrayant, Monsieur, que je me suis mis de suite à revoir avec attention mes mémoires. Vous savez sans doute trop bien, Monsieur, ce que c'est qu'une épigramme pour qu'il soit ici nécessaire de vous donner la définition qu'en fait l'académie. Hé bien : partons de cette définition : quai-je dit des ministres du culte catholique, si ce n'est qu'à une époque dont vous même avez été témoin, l'encens de leurs autels, leurs prières, leurs benédictions étaient pour mon illustre et malheureux maître. Qu'y a-t-il là, Monsieur, qui ne soit *purement et tout purement historique*. Or, un fait historique raconté sans commentaire n'est pas une épigramme : c'est tout purement de l'histoire. Si par exemple, en traitant un jour de celle du bareau de telle ou telle ville, je disais que le président tourmenté par le froid, avait tourné le dos à ses parties pendant la plaidoierie, pour se chauffer plus commodément à une cheminée placée derrière lui : que l'avocat plaidant s'était arrêté, et que le président lui dit de continuer : que celui-ci s'y fut refusé jusqu'à ce que le président eut cessé de lui tourner le dos... qu'y aurait-il là qui sentit l'épigramme ? si le fait est vrai, et peut-être attesté par un auditoire de deux cents personnes, rien sans doute : car tout trait historique retracé exactement et sans commentaire est de l'histoire. Quai-je dit de plus que la vérité à l'égard des prêtres de culte catholique. « Qu'ils étaient les prêtres d'un Dieu juste!.. eh bien qu'ai-je dit là, qu'ils ne disent et qu'ils ne doivent dire eux-mêmes tous les jours. J'ai dit que ce Dieu haïssait et punissait tôt ou tard l'hypocrisie et le parjure; mais cette belle et consolante pensée, Monsieur, elle n'est pas à moi : je l'ai puisée dans le texte même des meilleurs sermons passés et présens. C'est du haut de la chair de vérité qu'elle est descendue jusqu'à moi. Ainsi donc ici, je pourrais tout au plus être accusé de *plagiat*, si cette sublime vérité ne devait pas être dans tous les cœurs.

Il n'y a donc, Monsieur, dans mon passage qu'un fait historique raconté sans commentaire et suivi d'une vérité incontestable, d'un genre si grave et si élevé qu'elle ne peut en rien ressembler à une épigramme.

Vous êtes bon, monsieur l'*Annotateur*, bon comme le pain que je mange tous les jours. De grâce, ne repoussez pas ma prière. Réparez tout le tort que vous m'avez fait : tirez moi du terrible danger où vous m'avez mis en me plaçant en état d'hostilité avec tout le sacerdoce, et si vous ne pouvez amener une véritable pacification, placez-moi du moins dans un état de neutralité.

Passons maintenant à un autre article, bien moins grave, puisqu'il ne tend pas à me compromettre avec le sacerdoce, et que, par conséquent, je pourrai traiter avec plus de gaîté, sans pour cela m'écarter en rien de la vérité de l'histoire.

Vous mettez une de mes pensées à la hauteur de celles

de Montesquieu ! C'est trop d'honneur, Monsieur, pour une pensée de cheval. Les chevaux ne visent pas si haut. Puis, après avoir parlé d'épigrammes, vous en faites une terriblement bonne contre les académiciens. Gare à vous, Monsieur, ces quarante immortels ont de la mémoire ! gare à vous, si jamais vous frappez à leur porte : l'épigramme est excellente, et, bien qu'elle me chatouille un peu en passant, j'y applaudis de grand cœur, car on tire maintenant de tous côtés, à boulets rouges, sur ces quarante immortels, depuis qu'un mot de commis de ministre a tant d'autorité pour aplanir l'entrée de leur temple ; et l'on a raison.

Vous dites, Monsieur, que si j'avais publié pareille pensée (celle que vous jugez digne de Montesquieu) en 1811 : « Les ministres du grand homme eussent probablement envoyé l'ouvrage au pilon, et prié l'auteur d'aller habiter une écurie à cinquante lieues de la capitale ; et vous citez pour exemple madame de Staël. »

Eh ! Monsieur, si madame de Staël a été priée d'aller prendre, hors de Paris, l'air de la campagne, savez-vous bien le pourquoi de cette prière qui vous paraît si discourtoise ? Tout se découvre avec le temps, et des mémoires dont personne n'a jamais contesté l'héroïque véracité, nous ont enfin appris que madame de Staël, éprise d'une belle passion pour le héros du siècle, le faisait tourmenter par les courtiers d'hyménée, pour qu'il eut à quitter la bonne Joséphine, et à l'épouser.... Le héros du siècle, mon maître enfin, dédaigna la passion de madame de Staël. Il fit bien plus, il en rit, et madame de Staël n'en fut que plus offensée.

Certes, monsieur l'*Annotateur*, vous êtes trop aimable pour n'avoir pas, par fois, inspiré *une passion* à laquelle votre cœur ne pouvait répondre, et alors, vous savez ce que vaut l'aune de dépit d'une femme, en pareil cas. Eh bien! ajoutez à tout cela une âme ardente comme celle de madame de Staël, et le sentiment bien naturel d'un génie sublime dont l'Europe entrevoyait déjà l'aurore, chez cette femme justement célèbre, et vous verrez quel orage menaçait alors mon malheureux maître, qui ne voulait probablement pas exposer son cœur à tous les dangers d'un siége, et encore moins qu'il fut pris d'assaut.

Cette amante, à-la-fois illustre, malheureuse et dédaignée, fit comme toutes les amantes fortement éprises, et fut même, dans un salon où était mon maître, jusqu'à provoquer de lui quelque chose de flatteur, par une question insidieuse et méditée avec art. Le sang-froid et le laconique à-propos qui distinguait si éminemment mon maître, confondit tout le génie de l'illustre auteur de *Corine* (1). Les rieurs, en masse, furent pour mon maî-

---

(1) Elle lui demanda qui était selon lui, la femme la plus estimable de France, et paraissait s'attendre à se voir proclamer. Madame, répondit froidement mon maitre, c'est celle qui fait le plus d'enfans : (on sait que madame de Staël n'en faisait pas.)

tre (abstraction faite de toute opinion politique), et l'amante, doublement irritée, n'en fut que plus acharnée après sa victime.

Ici, monsieur l'*Annotateur*, c'est à vous que j'en appelle. Je vous transporte, un moment, par la pensée, avec madame votre épouse, au faîte du pouvoir, où était alors mon maître, et qui valait à-peu-près déjà la pourpre dont il fut depuis revêtu. Eh bien! si un démon, jaloux de votre bonheur domestique, suscitait alors à une femme ardente, une forte passion pour vous, et qu'elle vous harcelât sans cesse de ses chimériques espérances, que feriez-vous alors, Monsieur, pour la paix du ménage?

Sans doute, aujourd'hui, il y a *des frères charitains* dans Paris, et vous ne seriez pas obligé d'envoyer cette femme infortunée prendre l'air pur et calmant de la campagne; mais alors!.... alors, Monsieur, il n'y avait point de *frères charitains*.

Je dois cependant, Monsieur, vous rendre, en finissant, pleine justice. Ce n'est pas mon maître que vous accusez de cette rigueur discourtoise, mais bien *ses ministres*. Ceux-ci, je vous les livre avec un vrai plaisir; car ils ont souvent largement prouvé, comme ceux d'aujourd'hui, que, de tous temps, les ministres ont outrepassé les volontés de leur maître.

Par ordre ministériel, Carnot n'est-il pas mort banni, loin d'une patrie qui n'en hérita pas moins de son dernier soupir? Et le peintre que l'Europe admire et pleure encore, vient de terminer hors de France, une carrière couverte de gloire, probablement aussi par suite de quelqu'invitation ministérielle ; loin de cette France, enfin, qui se serait honorée de posséder ses cendres, et de les réunir, avec un noble orgueil, à celles de tant d'autres grands hommes qu'elle voit rapidement s'éteindre tous les jours. N'est-ce donc pas le cas de dire, avec cette bonne femme : *Ah! si le roi le savait!*

Visir (cheval de Napoléon).
Contresigné DE CHANLAIRE,
Secrétaire de Visir.

*Refusé, sans donner les motifs, après une longue station dans les cartons de l'*Annotateur.

Lors de la présentation de l'infortunée loi, dite loi Peyronnet, sur le droit d'aînesse, le vieux cheval de Napoléon qui, bien qu'il n'ait pas de propriétés foncières, n'en possède pas moins *un petit avoir* très-précieux, fit comme bien des gens très-sages, et me dicta très-gaîment, comme dit Cadet Roussel, son testament. — Que pouvait donc posséder ce cheval, demande-t-on déjà, pour craindre et prévenir les préciput et les substitutions? — Ce cheval, Messieurs et Mesdames, possédait beaucoup de choses d'un prix inestimable, et malheureusement trop rares sur la terre : telles que, par exemple entr'autres, un grand fonds de patience, un grand fonds de justice, un discernement exquis qui lui fit toujours choisir les bonnes plantes, et laisser de côté les nuisibles et les mauvaises; mille autres raretés précieuses enfin, dont bien des gens font dédaigneusement fi aujourd'hui, bien qu'ils en auraient le plus grand besoin.

Après avoir fait des lots *parfaitement égaux* entre tous ses enfans (et l'on sait qu'il en a beaucoup), il a jugé à propos de ne pas oublier ses amis, et de leur laisser, en mourant, à chacun un léger gage de reconnaissance. Il m'a, dis-je, dicté ce testament, et choisi pour en être, à sa mort, l'exécuteur.

Parmi les légataires se trouvent des éminences, des excellences, de petits princes étrangers (car ce cheval a beaucoup voyagé à l'étranger), des monseigneurs, des marquis, voire même des chevaliers d'industrie, des intrigans, des présidens, des girouettes, des gens à circonstance, des procureurs royaux, des baillifs, des maires, des officiers universitaires, et une infinité de gens de toutes espèces, de tous rangs, et de toutes considérations. Ce testament, dont je suis dépositaire, paraîtra à la fin des mémoires.

Après le refus de mes trois articles par l'*Annotateur*, et avant d'en entreprendre un quatrième sur cet objet, je fus (craignant de prendre une peine inutile) trouver l'éditeur du journal de Boulogne, et le priai de me dire s'il était consentant à m'octroyer dans sa feuille un modeste et petit asyle, pour un article annonçant que le vieux cheval de Napoléon que tout le monde connaît, dans ma paroisse, pour exister chez moi, et avoir publié une partie de ses mémoires, m'avait, aussitôt la présentation de la loi sur le droit d'aînesse, dicté ses dispositions testamentaires.

Je vis de suite tout l'embaras ou ma question jetait ce bon, cet estimable éditeur que je serai toujours flatté de compter au nombre de mes meilleurs amis. — Mais.. je ne sais pas... c'est selon.... nous verrons.... mais... si..... ah c'en est fait, me suis-je dit à part moi. Je suis mis à l'index, avec tous mes articles en masse. Un mauvais génie comme il y en avait du temps des fées, une puissance invisible plus forte que l'amitié que me porte cet estimable éditeur, s'oppose donc constamment à ce que je jouisse de la douce béatitude de figurer désormais dans l'*Annotateur boulonnais*. Résignons nous. N'adressons pas un quatrième article, et publions le directement à la suite de ses trois aînés.

Boulogne, le 26 avril 1826.

LÉON DE CHANLAIRE,

Propriétaire-Cultivateur, Editeur des mémoires du Cheval de Napoléon, et exécuteur testamentaire de ses dernieres volontés.

IMPRIMERIE DE GOETSCHY RUE LOUIS-LE-GRAND, N° 2.

www.ingramcontent.com/pod-product-compliance
Lightning Source LLC
LaVergne TN
LVHW050510160826
845677LV00003B/1056

* 9 7 8 2 3 2 9 6 3 6 9 4 8 *